HOUGHTON MIFFLIN HARCOURT

SENDEROS

Autoras

Alma Flor Ada

F. Isabel Campoy

HOUGHTON MIFFLIN HARCOURT
School Publishers

¡Hola, lector!

Este libro está lleno de personajes que tienen algo para compartir. ¡Una tía talentosa comparte su música, una ardilla hace algo especial para cada uno de sus amigos y un escritor crea un cuento sobre un gato amoroso que usa sombrero para que todo el mundo lo comparta!

¡Da vuelta a la página para ver lo que los autores de estos cuentos tenemos para decirte!

Atentamente.

Los autores

Unidad 2

Compartir el tiempo

Gran idea Todos tenemos algo para compartir.

Compartir el tiempo

Gran idea

Todos
tenemos algo
para compartir.

Lecturas conjuntas

Leamos juntos

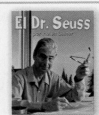

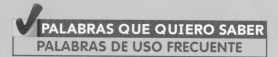

✔ **PALABRAS QUE QUIERO SABER**
PALABRAS DE USO FRECUENTE

por qué
dijo
viene
nadie
estaba
ser

Librito de
vocabulario

Tarjetas
de contexto

Palabras que quiero saber

● **Lee cada** Tarjeta de contexto.

● **Elige dos palabras en azul y úsalas en oraciones.**

1

por qué

¿Por qué están solos los lobitos?

2

dijo

El guardabosques dijo que tengamos cuidado.

3 viene

Este lobo viene cruzando el río.

4 nadie

No se ve a nadie en el bosque.

5 estaba

Los lobos corrían a su casa, que estaba lejos.

6 ser

Los lobos pueden ser peligrosos.

Contexto

Leamos juntos

Ovejas y lobos

1. Nadie vio al lobo.

2. El lobo viene en la noche.

3. El hombre dijo que no tenía miedo.

4. ¿Por qué guardó a sus ovejas?

5. El lobo estaba cerca.

6. Puede ser muy peligroso.

¿Cómo vela el hombre por las ovejas?
¿Cómo velarías tú por las ovejas?

Comprensión

✔ **DESTREZA CLAVE** Comprender a los personajes

Los **personajes** son las personas y los animales de un cuento. Los buenos lectores usan lo que los personajes dicen y hacen como claves para comprender cómo se sienten y por qué hacen las cosas que hacen. Este es Gabo, el personaje del cuento que vas a leer.

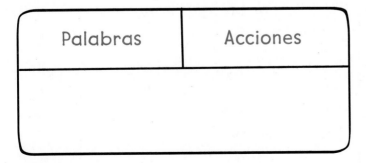

Gabo

Mientras lees **Gabo y el lobo** presta atención a lo que Gabo piensa y dice. Usa una tabla como esta para contar lo que Gabo dice y hace.

Palabras	Acciones

SENDEROS EN DIGITAL Presentado por DESTINO Lectura™
Lección 6: Actividades de comprensión

Gabo
y el
lobo
escrito e ilustrado
por Chris Sheban

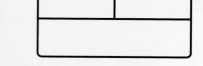
✔ **PALABRAS QUE QUIERO SABER**

por qué	dijo
viene	nadie
estaba	ser

✔ **DESTREZA CLAVE**

Comprender a los personajes Cuenta más sobre los personajes.

✔ **ESTRATEGIA CLAVE**

Resumir Detente y cuenta los sucesos principales.

GÉNERO

Una **fábula** es un cuento corto que ofrece una lección. A veces comienzan con **Había una vez**.

Conoce al autor e ilustrador

Chris Sheban

Para crear arte, Chris Sheban usa, por lo general, acuarelas y lápices de colores.

Ha ilustrado libros para niños y estampillas. Con Tedd Arnold, Jerry Pinkney y otros artistas, Chris hizo el libro **Why Did the Chicken Cross the Road?** (¿Por qué cruzó el pollo el camino?).

Gabo y el lobo

escrito e ilustrado
por Chris Sheban

Pregunta esencial

¿Qué lecciones puedes aprender de los personajes de un cuento?

Una vez, Gabo estaba en la
colina. Cuidaba a las ovejas.

—¡Qué aburrido! —dijo Gabo.

—Gritaré: "¡Viene el **lobo**!".

Sus amigos corrieron a la colina.

No vieron al lobo.

Gabo estaba más aburrido que un gusanito.

—Gritaré **lobo** de nuevo.

21

Sus amigos volvieron a la colina.
No vieron al lobo.

—Esto me divierte —decía Gabo.

Un día, vino el lobo.

Estaba en una roca.

Gabo gritó. Las ovejas
corrieron.

—El lobo vino a la colina, Nana
—dijo Gabo.
—¿Por qué nadie me ayudó?

—No está bien engañar —dijo Nana.

—Voy a ser bueno —dijo Gabo.
—No los volveré a engañar.

Es tu turno

🎭 El cuento del pastorcito mentiroso

Dramatizar Dramatiza **Gabo y el lobo** con un grupo pequeño. Decidan quién interpretará a Gabo, al lobo, a las ovejas y a la gente del pueblo. Pueden agregar sus propias palabras. Muestren cómo se sienten los personajes. GRUPO PEQUEÑO

Turnarse y comentar — Aprender una lección

Vuelve a leer la última página del cuento con un compañero. Hablen sobre la lección que aprendió Gabo. Di si piensas que cambiará. Explica por qué piensas de ese modo.

COMPRENDER A LOS PERSONAJES

LOS TRES CERDITOS

Conectar con los cuentos tradicionales

✔ PALABRAS QUE QUIERO SABER

dijo	por qué
estaba	ser
nadie	viene

GÉNERO
Un **cuento de hadas** es un cuento con personajes que hacen cosas mágicas.

ENFOQUE EN EL TEXTO
A menudo **la frase narrativa** que aparece al principio de un cuento de hadas es **Había una vez** o **Una vez.** Busca estas palabras. ¿Qué es lo que significan?

LOS TRES CERDITOS

Había una vez tres cerditos. El primer cerdito hizo su casa de paja. Estaba muy feliz. De pronto vio al lobo.

—¡Déjame entrar! —dijo el Lobo.

—¡No puede ser! —dijo el cerdito.

—Voy a soplar y soplar. Y tu casa voy a
tirar —dijo el Lobo.

El segundo cerdito fue más cuidadoso. Hizo su casa
de madera.

—¡Déjame entrar! —dijo el Lobo.

—¡No puede ser! —dijo el cerdito.

—Voy a soplar y soplar. Y tu casa
voy a tirar —dijo el Lobo.

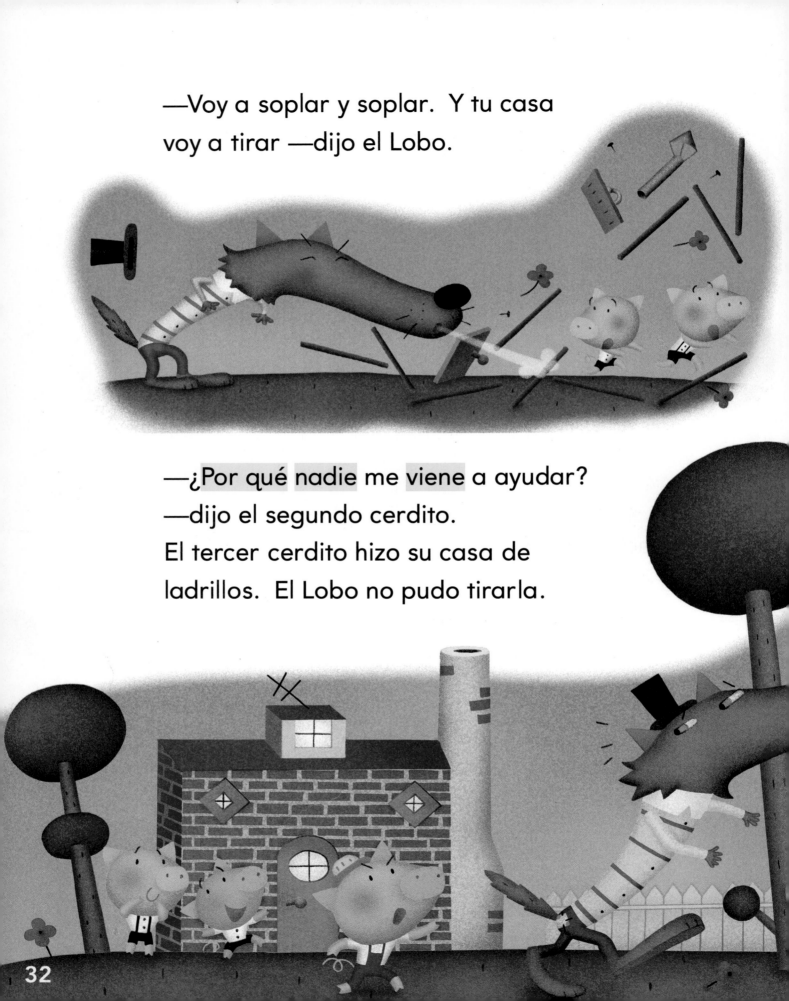

—¿Por qué nadie me viene a ayudar?
—dijo el segundo cerdito.
El tercer cerdito hizo su casa de
ladrillos. El Lobo no pudo tirarla.

Hacer conexiones

 El texto y tú

Volver a contar un cuento ¿Por qué **Los tres cerditos** empieza con **Había una vez**? Vuelve a contar un cuento a un compañero. Empieza con **Había una vez.**

 De texto a texto

Conectar con las Artes del lenguaje En ambos cuentos hay un lobo. ¿En qué se parecen y se diferencian los personajes del lobo?

Cuentos de lobos

 El texto y el mundo

Escribir para explicar Piensa en la lección que aprendió Gabo. Escribe sobre un error que hiciste. Di qué aprendiste.

Gramática

Leamos juntos

La oración Una **oración** es un grupo de palabras que tiene sentido completo. Tiene dos partes. En una se nombra a una persona, animal o cosa. En la otra se dice algo sobre esa persona, animal o cosa. Un grupo de palabras que no tiene esas dos partes no es una oración. Es una frase.

Oración	Frase
Jan se sienta en una colina.	en una colina
Algunas ovejas comen.	algunas ovejas
Una oveja se escapa.	una oveja

Identifica las oraciones y escríbelas en una hoja aparte. Comenta tus respuestas con tu compañero. Explica cómo decidiste cuáles eran oraciones y cuáles no lo eran.

1. Ryan vigila a sus ovejas.

2. Su perro lo ayuda.

3. las ovejas a salvo

4. algunas ovejas blancas

5. Un hombre corta la lana de las ovejas.

Gramática y escritura

Cuando revises tu borrador, asegúrate de que tus oraciones tengan sentido completo.

Escribir para describir

☑ **Ideas** Al escribir oraciones que describen, usa palabras que digan cómo se ven, suenan, huelen, saben y se sienten las cosas.

Ken escribió sobre un parque. Agregó la palabra **liso** para describir al tobogán.

Borrador revisado

liso
El tobogán ᴧes divertido.

Lista de control de la escritura

☑ **Ideas** ¿Usé palabras que dicen cómo se ve, suena, huele, sabe y se siente mi tema?

☑ ¿He deletreado mis palabras correctamente?

☑ ¿Escribí oraciones completas?

En la copia final de Ken, encuentra las palabras que dicen cómo se ven, suenan, huelen y se sienten las cosas en el parque. Revisa lo que escribiste usando la lista de control de la escritura.

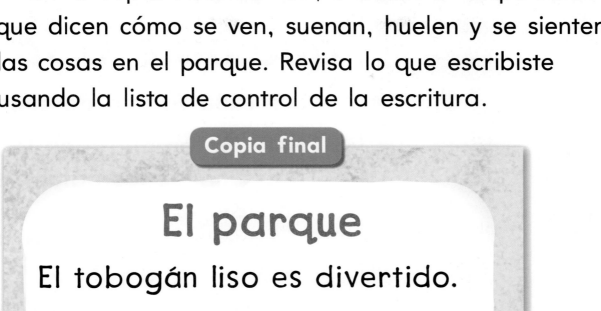

Copia final

El parque

El tobogán liso es divertido.

El columpio plateado rechina.

Las florecillas rojas huelen

muy bien.

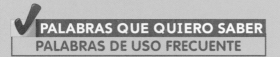

✓ **PALABRAS QUE QUIERO SABER**
PALABRAS DE USO FRECUENTE

aquí

hace

cómo

estoy

mal

animal

Librito de
vocabulario

Tarjetas
de contexto

Palabras que quiero saber

Leamos juntos

- **Lee cada** Tarjeta de contexto.

- **Haz una pregunta en la que** uses una de las palabras en azul.

1

aquí

Aquí traigo estas bonitas flores.

2

hace

¿Qué crees que hace el gato sobre la rama?

3 cómo

¡Cómo suenan estos platillos!

4 estoy

Estoy parado frente a muchas vacas.

5 mal

Esta fruta me sabe mal.

6 animal

Este animal tiene el pelaje muy suave.

Contexto

Mensajes de los animales

1. Un animal puede enviar mensajes.

2. ¿Cómo lo hace?

3. Estoy viendo un programa sobre animales.

4. Algunos huelen muy mal.

5. Aquí hay unos pájaros que cantan.

6. Cada animal hace algo diferente.

Cómo se comunican los animales	
pájaro	canta
perro	ladra, mueve la cola
gato	ronronea
abeja	zumba
lobo	aúlla

Comprensión

✔ **DESTREZA CLAVE** Detalles

Las selecciones de no ficción son, generalmente, sobre un tema. Dan una idea principal o una idea importante sobre el tema. Los **detalles** son datos que dicen más acerca de la idea principal. Los detalles pueden darte una idea más clara sobre el tema.

Mientras lees **Cómo se comunican los animales,** busca detalles que cuenten más sobre la idea principal.

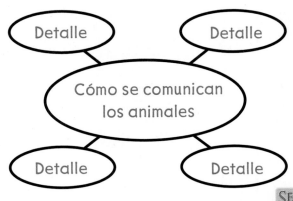

Detalle

Detalle

Cómo se comunican los animales

Detalle

Detalle

SENDEROS EN DIGITAL
Presentado por
DESTINO Lectura™

Lección 7: Actividades de comprensión

Cómo se comunican los animales
por William Muñoz

✓ **PALABRAS QUE QUIERO SABER**

aquí	estoy
hace	mal
cómo	animal

✓ **DESTREZA CLAVE**

Detalles Usa los detalles para entender más sobre la idea principal.

✓ **ESTRATEGIA CLAVE**

Inferir/Predecir Usa las claves del texto para descubrir las ideas importantes.

GÉNERO

Un **texto informativo** da datos sobre un tema.

Conoce al autor y fotógrafo

William Muñoz

William Muñoz y su cámara han viajado por todo Estados Unidos, desde las montañas hasta las praderas. Ha tomado fotos de caimanes, águilas blancas, bisontes, osos polares y muchos otros animales en su hábitat natural.

Cómo se comunican los animales

texto y fotografías de William Muñoz

Pregunta esencial

¿Cómo se comunican los animales?

43

El tacto

Este oso abraza y toca.

Este elefante mima a su
cachorro. ¿Cómo lo hace?

El perro es amigo del gato.
¿Cómo lo sabes?

Este animal es peligroso.

Otro animal lo escucha.

Huye del peligro.

Un pájaro canta por la mañana.
—¡Aquí estoy!

Un lobo llama a los otros.
—¡Aquí estoy!

La vista

¿Por qué se agacha el perro?
Otros ven que quiere jugar.

Una abejita avisa a las otras.
La comida está muy jugosa.

La mamá jirafa conoce el olor del pelaje de su hijita.

Un animal tiene mal olor.

Los otros animales se van.

El tacto

El oído

La vista

El olfato

55

¿Qué hace esta mamá?

Lenguaje animal

Escribir una leyenda Haz un dibujo de dos animales que se estén comunicando. Escribe una oración sobre tu dibujo. Asegúrate de explicar cómo se comunican los animales. CIENCIAS

Los sentidos en acción

Turnarse y comentar

Elige uno de los sentidos que los animales usan para comunicarse. Habla con un compañero sobre las diferentes formas en que los animales pueden usar ese sentido. DETALLES

Mensajes entre insectos

Mensajes entre insectos

Conectar con las Ciencias

✓ **PALABRAS QUE QUIERO SABER**

aquí	estoy
hace	mal
cómo	animal

GÉNERO
Un **texto informativo** da datos sobre un tema. Este es un artículo de una enciclopedia.

ENFOQUE EN EL TEXTO
Las **leyendas** dan más información sobre una foto o un dibujo. Busca leyendas que rotulen las fotos.

Un insecto es un animal que tiene seis patas. El cuerpo de un insecto tiene tres partes. Casi todos los insectos tienen alas para volar.

mariposa

Aquí estoy aprendiendo que los insectos mandan mensajes. Algunos insectos, como los mosquitos, se encuentran por el sonido de sus alas. Las abejas pueden avisarles a otras abejas de lugares donde hay comida. Todos los insectos tienen su manera de enviar mensajes.

abeja

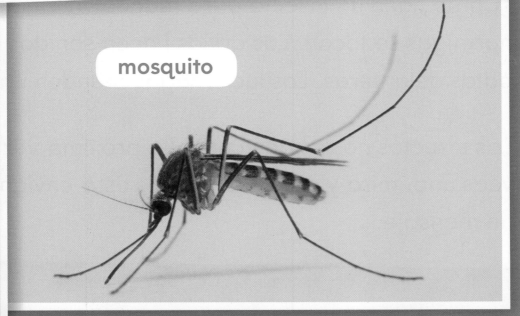

mosquito

hormigas

¿Cómo hace un insecto para mandar mensajes? Las
hormigas se tocan. Los grillos hacen sonidos con las
patas delanteras. Las luciérnagas prenden una luz.

Los insectos no te hacen mal. La próxima vez que
veas uno, mira y escucha. Quizás está enviando
un mensaje.

Hacer conexiones

Leamos juntos

El texto y tú

Dibujar y rotular Elige un animal que te guste de uno de los cuentos. Haz un dibujo de ese animal y rotúlalo.

De texto a texto

Comentar ¿De qué maneras se comunican los insectos y otros animales?

El texto y el mundo

Conectar con los medios Comenta con un compañero las diferentes maneras en las que se comunican las personas.

Gramática

Leamos juntos

Partes de la oración La **oración** tiene dos partes, el **sujeto** y el **predicado**. El sujeto nombra a una persona, animal, lugar o cosa. El predicado es lo que se dice del sujeto.

Sujeto	Predicado
Los gatitos	son juguetones.
Los pájaros	cantan en su jaula.
Los niños	juegan con los animales.

Trabaja con un compañero. Túrnense para leer cada oración en voz alta. Luego, nombren el sujeto y el predicado de cada oración.

1. Las abejas zumban.

2. Un lobo aúlla.

3. Los gatitos corren.

4. La mamá abraza a su bebé.

5. El elefante es muy grande.

Gramática y escritura

Cuando revises tu borrador, asegúrate de que todas tus oraciones tengan sujeto y predicado.

Escribir para describir

✓ **Elección de palabras** Un poema puede describir una cosa o explicar los sentimientos del escritor. También puede tener palabras que rimen.

Nori escribió un poema sobre elefantes. Después le agregó detalles para describir una imagen más clara a los lectores.

Borrador revisado

La trompa del elefante es ~gris~ larga,
y ruidosa.

Con ella bebe y ~come~ se alimenta, y moja
todo lo que ~ve.~ encuentra

Lista de control de la escritura

✓ **Elección de palabras** ¿Elegí las mejores palabras para describir o explicar el tema?

✓ ¿Usé palabras que riman?

✓ ¿Puedo aplaudir al ritmo de mi poema?

Busca detalles que describan apariencia, movimiento y sonido en la copia final de Nori. Luego revisa lo que escribiste. Usa una lista de control de la escritura.

Copia final

Elefantes

La trompa del elefante
es larga, gris y ruidosa.

Con ella bebe y se alimenta,
y moja todo lo que encuentra.

Lección

8

✔ **PALABRAS QUE QUIERO SABER**
PALABRAS DE USO FRECUENTE

alguien

dentro

han

estamos

nos

tocar

Librito de
vocabulario

Tarjetas
de contexto

Palabras

Leamos juntos

que quiero saber

- Lee cada Tarjeta de contexto.

- Usa una palabra en azul para contar algo de una de las fotografías.

1 alguien

Alguien va a ganar este juego.

2 dentro

El niño mira la moneda antigua que está dentro de la cajita.

3

han

Las hermanas se han puesto a dibujar.

4

estamos

¡Qué rico estamos comiendo!

5

nos

Papá y mamá nos enseñan a pescar.

6

tocar

En primavera, me gusta tocar la guitarra.

Contexto

Leamos juntos

✔ **PALABRAS QUE QUIERO SABER** **¡A hacer música!**

1. La flauta está dentro del estuche.

2. Necesitamos a alguien que dirija nuestra banda.

3. Nos sentamos al piano.

4. Ahora sí, estamos listos.

5. Ya han terminado el concierto.

6. ¿Mi tía sabe tocar la flauta?

¿Te gustaría tocar una conga como esta?

¿Qué otro instrumento te gustaría tocar?

Comprensión

Leamos juntos

DESTREZA CLAVE Secuencia de sucesos

Con frecuencia, los sucesos de un cuento se cuentan en el orden en que ocurren. Este orden se llama **secuencia de sucesos**. La secuencia de sucesos es lo que pasa **primero, después** y **por último** en un cuento.

Primero	Después	Por último

Mientras lees **¡A hacer música!**, presta atención a la secuencia de sucesos. Usa un cuadro como este para decir lo que pasa primero, después y por último.

Primero

↓

Después

↓

Por último

SENDEROS EN DIGITAL
Presentado por
DESTINO Lectura™

Lección 8: Actividades de comprensión

69

✔ **PALABRAS QUE QUIERO SABER**

alguien	estamos
dentro	nos
han	tocar

✔ **DESTREZA CLAVE**

Secuencia de sucesos
Di en qué orden suceden los hechos.

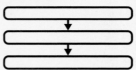

✔ **ESTRATEGIA CLAVE**

Analizar/Evaluar Di lo que opinas del texto y por qué.

GÉNERO
La **ficción realista** es un cuento que podría suceder en la vida real.

Conoce a la autora

Jerdine Nolen

Algunos niños coleccionan tarjetas de béisbol. Otros coleccionan conchas. Cuando Jerdine Nolen era niña, coleccionaba palabras. Durante mucho tiempo, su palabra favorita fue pepino. Dos de los libros que ha escrito son **Plantzilla** y **Raising Dragons** (**Criar dragones**).

Conoce al ilustrador

Frank Morrison

Frank Morrison dedica gran parte de su vida a la música y al baile. En una ocasión recorrió el país con una compañía de baile. Sus dibujos tienen tanto movimiento que ¡parece que bailan!

¡A hacer música!

escrito por Jerdine Nolen
ilustrado por Frank Morrison

Pregunta esencial

¿Por qué es importante el orden de los sucesos del cuento?

71

En enero, papá y mamá se van a Aruba.

Ahora llega la tía Marina.

Seguro que llamó porque no lleva llave.

La tía nos da un beso.

Mirella y yo estamos muy contentos.

Saltamos y cantamos.

¡Allí llama alguien!
Han llegado Sara y Pere.

La tía Marina tiene un saco.
Es un saco muy bello.
Pero, ¿qué se verá dentro?

—¿Quién quiere tocar música?— dijo la tía Marina.

—¡Yo, yo! —gritamos.

Sara y yo hacemos guitarras.

Pere y Pepillo hacen tambores.

Sara, Mirella, Pere y yo hacemos un coro.

¡Qué animada es la música!

Trabajar juntos

Escribir oraciones Los personajes de **¡A hacer música!** tocan juntos en una banda. Escribe oraciones sobre una vez en que trabajaste con otras personas para hacer algo divertido. Cuenta qué sucedió al comienzo, durante el trabajo y al final. RESPUESTA PERSONAL

Turnarse y comentar —— **Hacer música**

Trabaja con un compañero. Comenten cómo hacen música los personajes del cuento. Piensen en el orden de los sucesos mientras hablan.

SECUENCIA DE SUCESOS

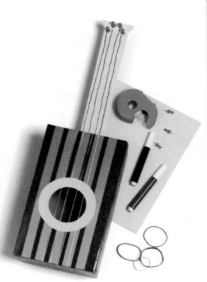

Los tambores

por Tim Pano

En todo el mundo y en todas las culturas, se han tocado tambores. Yolanda Martínez toca y hace tambores. Ella nos vende los tambores que hace.

Todos los tambores tienen una caja. También tienen una membrana de cuero. Para tocar el tambor se usa una baqueta.

Partes de un tambor

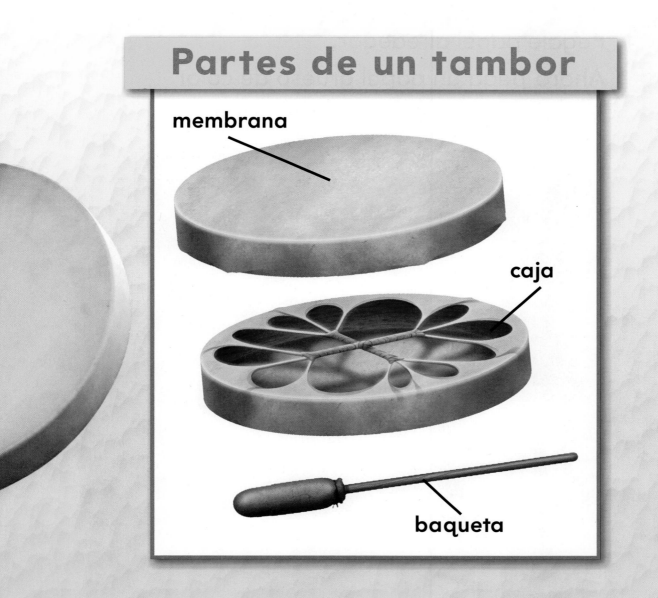

membrana

caja

baqueta

87

Haz un tambor

¿Le gustaría a alguien tocar un tambor?

¡Inténtalo dentro de tu casa!

1 Consigue una lata de café vacía o un envase de avena.

2 Pégale papel alrededor.

3 Ahora pega un papel grueso de color marrón en la parte de arriba. ¡A tocar!

¡Estamos muy contentos con el tambor!

Hacer conexiones

Leamos juntos

El texto y tú

Hablar de la música Di si te gusta tocar música. Habla claro y lento, para que tus compañeros te entiendan.

De texto a texto

Conectar con los Estudios Sociales Con palabras y dibujos, di cómo la gente en las selecciones comparte lo que le gusta hacer.

El texto y el mundo

Escribir una nota Piensa en algo que alguien de tu familia te ha enseñado. Escribe una nota para agradecerle a esa persona. Usa detalles en un orden que tenga sentido.

Gramática

Declaraciones Una oración que afirma algo se llama **declaración**. Una declaración empieza con letra mayúscula y termina con un punto.

Los niños tienen clase de música.
Ellos aprenden a tocar instrumentos.
Una niña toca la guitarra.

¡Inténtalo!

Identifica tres declaraciones y escríbelas en una hoja aparte. No olvides las mayúsculas y la puntuación.

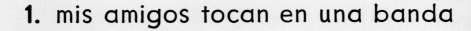

1. mis amigos tocan en una banda

2. cerca de su batería

3. ella puntea la guitarra

4. la mejor cantante

5. ellos se divierten mucho

Gramática y escritura

Cuando revises tu borrador, asegúrate de que las declaraciones empiecen con letra mayúscula y terminen con un punto.

Escribir para describir

☑ **Elección de palabras** Cuando escribas una **nota de agradecimiento**, indica por qué das las gracias. Usa adjetivos exactos para que tus ideas sean claras.

Beth escribió una nota. Luego reemplazó **bonito** con adjetivos más exactos.

Borrador revisado

Gracias por el sombrero suave y abrigado nuevo. Es ~~bonito.~~

Lista de control de la escritura

☑ **Elección de palabras** ¿Usé los adjetivos exactos?

☑ ¿Tiene mi nota de agradecimiento las cinco partes?

☑ ¿Usé correctamente mayúsculas y puntos?

92

Busca los adjetivos en la copia final de Beth. Después revisa lo que escribiste usando la lista de control de la escritura.

Copia final

4 de junio de 2011

Querida tía Jess:

Gracias por el sombrero nuevo. Es suave y abrigado. Me gustaron mucho las rayas moradas.

Con cariño.
Beth

✔ **PALABRAS QUE QUIERO SABER**
PALABRAS DE USO FRECUENTE

hizo
libro
leer
desde
divertido
llamaban

Librito de
vocabulario

Tarjetas
de contexto

Palabras Leamos juntos
que quiero saber

● Lee cada Tarjeta de contexto.

● Usa una de las palabras
en azul para contar algo
que hiciste.

1
hizo
Cada niño hizo un sol
diferente.

2
libro
Papá nos lee un libro.

3 leer

Al leer aprendes muchas cosas.

4 desde

Estamos coloreando desde que comenzó la clase.

5 divertido

¡Qué libro tan divertido!

6 llamaban

El niño iba rápido porque lo llamaban a jugar a las damas.

Contexto Leamos juntos

✓ PALABRAS QUE QUIERO SABER **Hacer un libro**

1. ¿Sabes cómo se hizo este libro?

2. Primero llamaron al autor y al ilustrador.

3. El autor escribió el cuento del libro.

4. El ilustrador participó desde el principio.

5. Resultó divertido que trabajaran juntos.

6. Ahora puedes leer y ver este hermoso trabajo.

papel

lápices

bolígrafos

computadora

pinturas

Comprensión

Leamos juntos

✓ **DESTREZA CLAVE** Características de textos y de los elementos gráficos

Algunas selecciones de no ficción tienen características especiales de textos y gráficas que dan más información. Las características especiales de los textos pueden ser **rótulos** o **leyendas**. Las características gráficas pueden ser **fotos**, **gráficas** o **dibujos**.

El Jardín de Escultura Monumento Nacional Dr. Seuss

Mientras lees **El Dr. Seuss**, presta atención al texto y a las fotos. Di cómo se usan.

Característica	Propósito

Selección principal

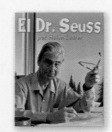

✔ PALABRAS QUE QUIERO SABER

llamaban	hizo
desde	libro
divertido	leer

✔ DESTREZA CLAVE

Características de textos y de los elementos gráficos Explica cómo se relacionan las palabras con las fotos.

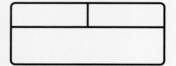

✔ ESTRATEGIA CLAVE

Preguntar Haz preguntas sobre lo que estás leyendo.

GÉNERO

Una **biografía** narra los sucesos de la vida de una persona.

Conoce a la autora

Helen Lester

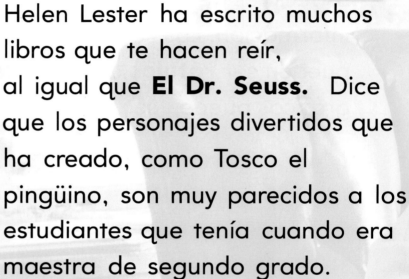

Helen Lester ha escrito muchos libros que te hacen reír, al igual que **El Dr. Seuss.** Dice que los personajes divertidos que ha creado, como Tosco el pingüino, son muy parecidos a los estudiantes que tenía cuando era maestra de segundo grado.

El Dr. Seuss

**escrito por
Helen Lester**

**Pregunta
esencial**
¿Cómo ayudan
las palabras y las
ilustraciones a contar
un cuento?

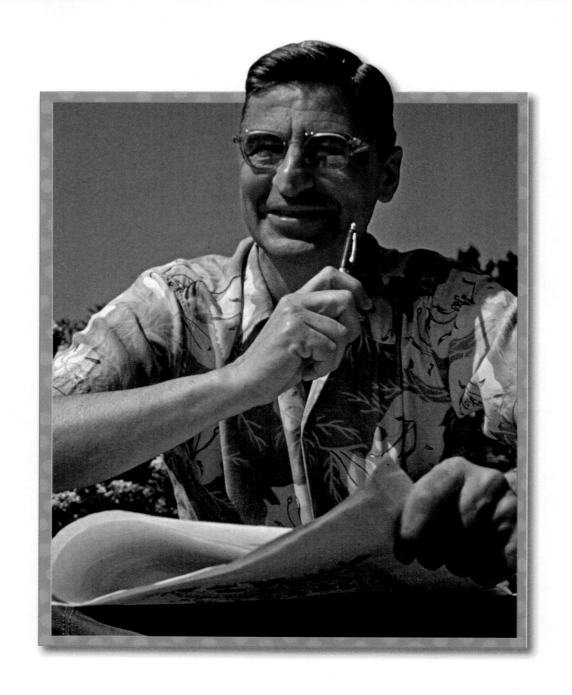

Este es el Dr. Seuss. ¡Llámalo Ted!
Sus padres lo llamaban Ted.

Desde chico, Ted era muy divertido.

Ted dibujaba muy bien.
Aquí hace el boceto de un rayo.

Su dibujo parece mágico.

Este es un libro famoso de Ted.
Se titula **El gato en el sombrero**.

¡Mira qué sombrero más genial!

En este sello de Ted, ¿ves al Gato
Garabato y su sombrero gigante?

Ted escribió muchos libros geniales.

Ted hizo muchas rimas.

¿Alguien ve alguna rima aquí?

Se reunió con los niños para leer su libro.

Hay un parque con el Dr.
Seuss y sus personajes.

El Jardín de Escultura
Monumento Nacional Dr. Seuss

¡Un libro divertido nos
ayuda a aprender!

Es tu turno

Leamos juntos

Hacer rimas

Escribir un poema Juega a hacer rimas con un compañero. Uno de los dos escribe una palabra. El otro escribe una palabra que rime con ella. Jueguen hasta que no se les ocurran más palabras. Luego, inventen un poema gracioso usando las palabras que riman. PAREJAS

lata

capa

pata

Turnarse y comentar Hablar sobre una foto

Elige una foto de **El Dr. Seuss**. Di a un compañero cómo la foto y las palabras de la página te muestran cómo era el Dr. Seuss. CARACTERÍSTICAS DE TEXTOS Y DE LOS ELEMENTOS GRÁFICOS

Conectar con la poesía

✔ PALABRAS QUE QUIERO SABER

llamaban	hizo
desde	leer
divertido	libro

GÉNERO

La **poesía** usa el sonido de las palabras para expresar imágenes o sentimientos.

ENFOQUE EN EL TEXTO

La **aliteración** es un patrón de palabras que empiezan con el mismo sonido. Halla estos patrones de palabras. ¿Por qué hacen que el poema sea divertido para oírlo y decirlo?

Dos poemas del Dr. Seuss

No hay libro de cuentos del Dr. Seuss que no sea divertido. El Dr. Seuss escribió poemas desde joven.
Hizo poemas para leer en voz alta. También ilustraba sus poemas con dibujos. Estos dos poemas demuestran que Theodor Seuss, a quien llamaban Dr. Seuss, era un gran escritor.

Chirino toca cochinos

Chirino Tapioca toca cochinos.

Chirino no toca cochinos rechinos.

Cochinos rechonchos toca Tapioca.

(Ya no preguntes. Siempre los toca.)

Chirino Tapioca los toca y retoca.

Todos los días toca cochinos Chirino Tapioca.

(Ya no preguntes. Todos los días los toca y retoca.)

De hecho, a Chirino Tapioca meter los cochinos le toca

en el chiquero de cochinos rechonchos Chirino Tapioca.

¡CUAC!
¡CUAC!

Tenemos dos patos. Uno es Opac. El otro es Mac.

Cuando el pato Mac hace "cuac cuac",

el pato Opac rápido recalca "cuac cuac cuac".

No es cualquier cuaquero Mac cuando hace "cuac cuac",

pero Opac no es cualquier cuaquero al recalcar: "¡cuac cuac cuac!".

Escribe sobre compartir

Piensa en las maneras en que puedes compartir con los demás. Luego escribe un poema sobre compartir. Trata de usar pares de palabras que comiencen con el mismo sonido.

Hacer conexiones

Leamos juntos

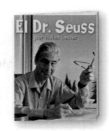 

 El texto y tú

Conectar con las Artes del lenguaje
Escribe un poema tonto sobre uno de tus animales preferidos. Usa palabras que rimen y otras que empiecen con el mismo sonido. Marca el ritmo con aplausos mientras los dices.

 De texto a texto

Expresar opiniones Mira las ilustraciones de las dos selecciones. ¿Qué te gusta más de los dibujos o los poemas del Dr. Seuss?

 El texto y el mundo

Hablar sobre compartir ¿Qué cosas especiales compartes con tu familia?

Gramática

Leamos juntos

Sustantivos singulares y plurales Los sustantivos que nombran a una sola persona, animal o cosa son **singulares**. Si nombran a más de una persona, animal o cosa, son **plurales**. Los sustantivos plurales terminan en *-s* o *-es*.

Uno: Singular	Más de uno: Plural
sombrero	sombrero**s**
hombre	hombre**s**
mujer	mujer**es**
niño	niño**s**

Elige el sustantivo que describe correctamente cada ilustración. Escríbelos en una hoja aparte. Luego, comenta con tu compañero los sustantivos que elegiste y explica por qué los elegiste.

1.   libro   libros

2.   estampilla   estampillas

3.   hombre   hombres

4.   gato   gatos

5.   niño   niños

Gramática y escritura

Cuando revises tu borrador presta atención al uso de los sustantivos singulares y plurales.

Escribir para describir

Leamos juntos

✔ **Ideas** Antes de escribir, planea los detalles de tu **descripción**. Un amigo puede ayudarte haciéndote preguntas.

Josh le preguntó a Evan sobre **El gato en el sombrero**.

¿Tiene cola el gato? ¿Cómo son sus patas?

Explorar un tema

Lista de control de preparación para la escritura

 ¿Elegí un tema que conozco bien?

 ¿Dicen mis detalles cómo se ve el personaje?

 ¿Escribí adjetivos para indicar el tamaño, la forma, el color y el número?

120

Busca detalles en el plan de Evan. Planea tu propia descripción usando la lista de control de preparación para la escritura.

Tabla de planificación

Cabeza
sombrero alto, rojo y blanco

Cuerpo
largo, con cola delgada

Mi tema
el gato

Patas delanteras
guantes blancos

Patas traseras
peludas

✓ **PALABRAS QUE QUIERO SABER**
PALABRAS DE USO FRECUENTE

después
último
dieron
preguntó
invitó
cuánto

Librito de
vocabulario

Tarjetas
de contexto

Palabras que quiero saber

Leamos juntos

● Lee cada **Tarjeta de contexto**.

● **Escoge dos de las palabras en azul y úsalas en oraciones.**

1
después
Ella le dio el regalo después de envolverlo.

2
último
Este es el último pastelito que queda.

3 dieron

Sofía y su mamá le dieron una nueva pelota a Jorge.

4 preguntó

Mi amiga le preguntó si le gustaba la fiesta.

5 invitó

Ella invitó a sus amigos a comer pizza.

6 cuánto

¡Cuánto se divierten las niñas con los globos!

Contexto

✓ **PALABRAS QUE QUIERO SABER**   **¡Vamos a hacer una fiesta!**

1. La maestra nos preguntó si queremos una fiesta.

2. ¿Cuánto tiempo nos tomará prepararla?

3. La haremos después de clase.

4. Hoy es el último día de clases.

5. Nos dieron un pastel.

6. La maestra invitó a otros grupos.

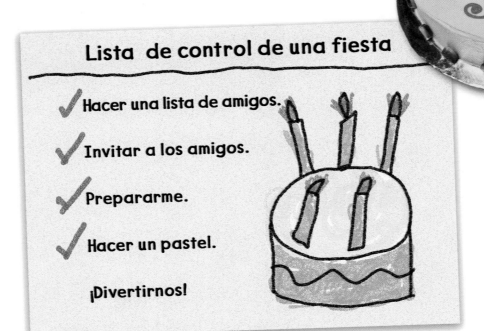

Lista de control de una fiesta

✓ Hacer una lista de amigos.

✓ Invitar a los amigos.

✓ Prepararme.

✓ Hacer un pastel.

¡Divertirnos!

Comprensión

Leamos juntos

DESTREZA CLAVE Estructura del cuento

Un cuento tiene diferentes partes. Los **personajes** son las personas y los animales del cuento. La **ambientación** es dónde y cuándo sucede el cuento. El **argumento** es el orden de sucesos que hablan sobre un problema en el cuento y de qué manera lo resuelven los personajes.

Mientras lees **Quique da una fiesta**, usa un mapa del cuento para decir quiénes están en el cuento, dónde están y qué hacen.

Personajes	Ambientación
Argumento	

SENDEROS EN DIGITAL Presentado por DESTINO Lectura™
Lección 10: Actividades de comprensión

Selección principal

✔ PALABRAS QUE QUIERO SABER

cuánto	invitó
después	preguntó
dieron	último

✔ DESTREZA CLAVE

Estructura del cuento
Identifica el ambiente, los personajes y los sucesos de un cuento.

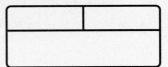

✔ ESTRATEGIA CLAVE

Visualizar Imagínate lo que sucede mientras lees para aclarar los sucesos del cuento.

GÉNERO

La **fantasía** es un cuento que no podría suceder en la vida real.

Conoce al autor e ilustrador

David McPhail

Cuando David McPhail era niño, quería ser jugador de béisbol, pero no era bueno para los deportes. Luego, David quiso tocar la guitarra en un grupo. Por último, fue a la escuela de arte y descubrió que era muy bueno para dibujar y escribir cuentos.

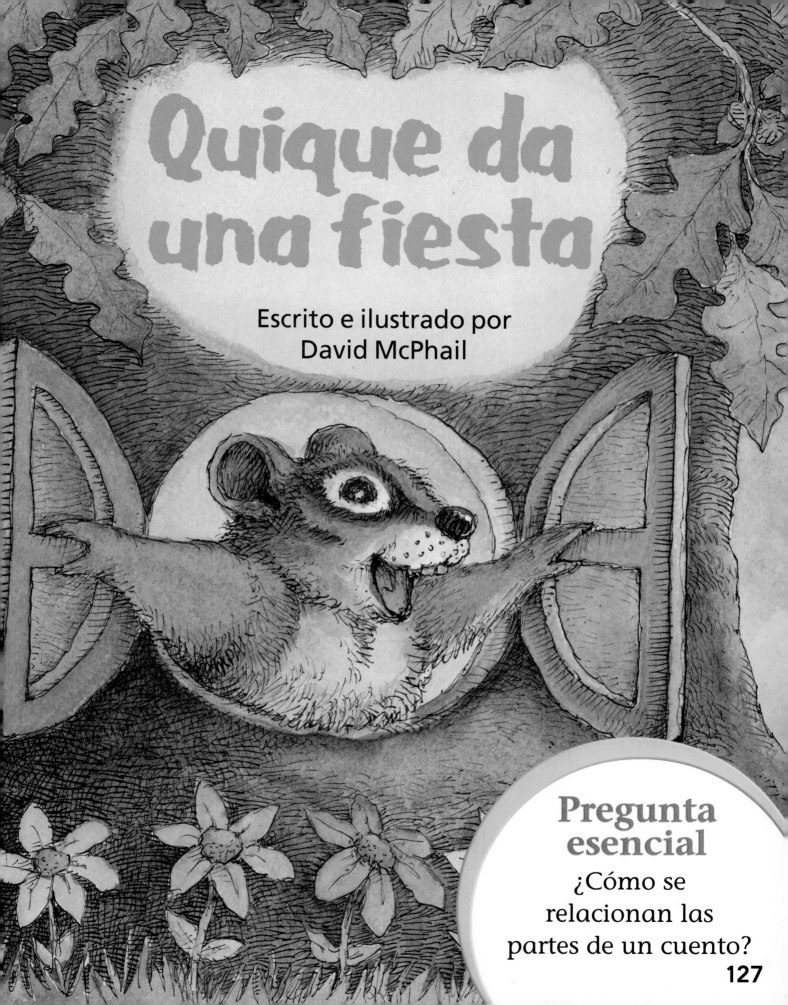

Quique da una fiesta

Escrito e ilustrado por
David McPhail

Pregunta esencial

¿Cómo se relacionan las partes de un cuento?

127

—¡Qué día tan bonito! —dijo
Quique—. Daré una fiesta.

Quique invitó a sus amigos.

Se lo dijo al gato, Guille.

—Sí, sí que iré —dijo el gato—.

¡Será una maravilla!

Después se lo dijo a Guido, el perro.
Guido dijo que sí.
—Una fiesta me va a mí.

Habló con Cuqui y Jonás.

—Sí querido, allí nos verás

—dijeron al compás.

Por último, le preguntó a Roque.

—Te aseguro que iré —le dijo.

Quique hizo pastelitos
para sus amigos.

Con una manga de pastelero
puso una cara en cada pastel.
¡Qué orgulloso estaba!

¡Cuánto se divirtió haciendo los pasteles!

—A cada uno le toca un pastel,
con su cara dibujada en él —
dijo Quique.

Sus amigos le dieron a
Quique una bellota.

¡Tenía un moño rojo!

—¡Qué rica está! —dijo Quique—.
¡Qué fiesta tan divertida!

Es tu turno

Leamos juntos

¡Gracias, Quique!

Hacer una tarjeta Haz una tarjeta de agradecimiento para Quique de parte de uno de los amigos que fue a la fiesta. Escribe oraciones que cuenten por qué la fiesta fue divertida. ARTES DEL LENGUAJE

Turnarse y comentar — Quique y sus amigos

Trabaja con un compañero. Hagan una lista de todos los personajes de **Quique da una fiesta.** Digan qué hace cada personaje en el cuento. ESTRUCTURA DEL CUENTO

141

Conectar con las Matemáticas

✓ **PALABRAS QUE QUIERO SABER**

cuánto	invitó
después	preguntó
dieron	último

GÉNERO
El **teatro del lector** es un texto escrito para leerlo en voz alta.

ENFOQUE EN EL TEXTO
Las **instrucciones** indican cómo hacer algo paso por paso. Sigue las instrucciones de la página 144 con una persona mayor para hacer pastelitos.

Teatro del lector

En la panadería

por Kim Lee

Reparto

Panadero

Primer asistente

Segundo asistente

¿Qué hizo hoy, Panadero?

Hice pastelitos. ¿Me ayudas?

Yo lo ayudaré a comerlos.

 ¡No, no! Todavía no están listos.

 El Panadero me pregunto si podía ayudarlo con los pastelitos. Después me dijo que debía adornarlos.

 ¡Y a mí me invitó a comerlos!

Ahora te vamos a dar la receta que usa un panadero para hacer el glaseado.

Glaseado

4 tazas de azúcar en polvo

4 cucharadas de leche

$\frac{1}{2}$ taza de mantequilla, suavizada

2 cucharaditas de extracto de vainilla

• Mezcla los ingredientes que te dieron en un tazón grande.

• Con una batidora, bate la mezcla a baja velocidad durante un minuto, hasta que el glaseado esté cremoso.

• Calcula cuánto glaseado puedes ponerle a cada pastelito.

• Por último, pon un poco de glaseado a cada pastelito.

Hacer conexiones

Leamos juntos

 El texto y tú

Hacer una lista Imagina que das una fiesta. Haz una lista de las comidas que harías para tus invitados.

 De texto a texto

Conectar con los Estudios Sociales ¿Cómo se ayudan los personajes de cada cuento?

 El texto y el mundo

Escribir oraciones Escribe oraciones para decir cómo podrías ayudar a un vecino o a un miembro de tu familia a hacer pasteles.

Gramática

Leamos juntos

Los sustantivos y los adjetivos Los adjetivos son masculinos o femeninos y singulares o plurales según el sustantivo que acompañan. Para formar el plural, agrega *-s* a los adjetivos que terminan en vocal. Agrega *-es* a los adjetivos que terminan en consonante. Para formar el plural de los adjetivos que terminan en *-z* cambia la *-z* por *-c* y agrega *-es*.

Singular: Uno	Plural: Más de uno
niño pequeño	niños pequeños
mujer intelectual	mujeres intelectuales

Elige el adjetivo que complete correctamente cada oración. Comenta tus respuestas con tu compañero y explica el porqué de tu elección.

1. Vimos una ardilla (veloz, veloces) en el bosque.

2. La ardilla se subió a un árbol muy (alto, altos).

3. Había muchas estrellas (brillante, brillantes) en el cielo.

4. Vimos flores (lindas, linda) en el bosque.

5. Había un pajarito muy (pequeño, pequeños) en un nido.

Gramática y escritura

Cuando revises tu borrador, presta atención al uso de los adjetivos. Asegúrate de que sean correctos según los sustantivos que acompañan.

Escribir para describir  Leamos juntos

✓ **Organización** Una buena **descripción** muestra en detalle cómo son las personas o las cosas.

Evan escribió un borrador y luego agregó adjetivos para darle vida a su descripción.

Borrador revisado

El gato se ve muy

rojo y blanco

gracioso con su sombrero.

Lista de control de la escritura

 ¿Escribí una oración del tema?

 ¿Puedo agregar algunos adjetivos?

 ¿He escrito mis palabras correctamente?

Encuentra los adjetivos en la copia final de Evan. Revisa lo que has escrito usando la lista de control de la escritura.

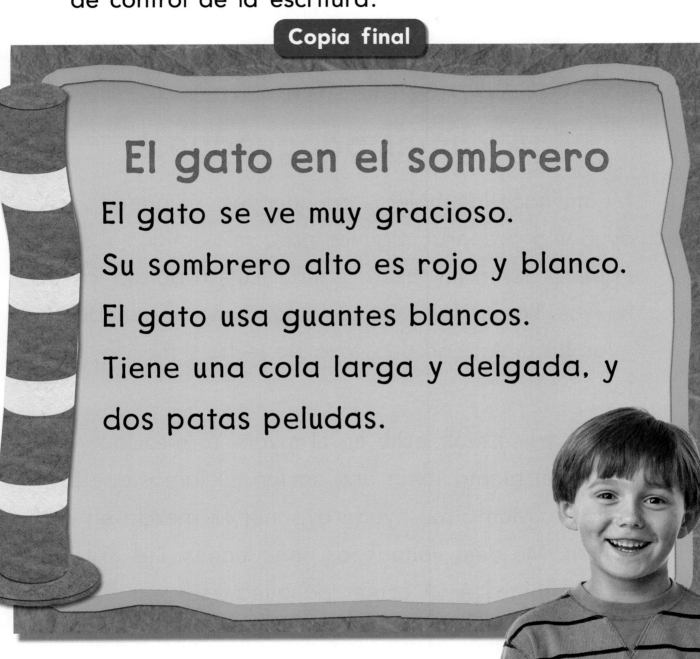

Copia final

El gato en el sombrero

El gato se ve muy gracioso.

Su sombrero alto es rojo y blanco.

El gato usa guantes blancos.

Tiene una cola larga y delgada, y dos patas peludas.

Lee estos dos cuentos. Luego, di el orden de los sucesos de cada cuento.

¡A comer panqueques!

Mamá hace los mejores panqueques. Yo puedo ayudar a preparar algunos para mis amigos. Primero, tomo un tazón grande. Luego pongo los huevos. Los rompo uno por uno. Tomo un tenedor y los bato. Agrego una taza de leche y mezclo todo.

Mamá pone más leche en el tazón. Yo mezclo. Después, mamá toma una sartén. Dejamos que se caliente. Mamá me ayuda a poner la mezcla en la sartén. Me deja voltear los panqueques. Les grito a mis amigos: —¡A comer panqueques!

Los panqueques están ricos. Los comemos todos.

La confusión

Juana y papá preparan galletas. Juana pone la mezcla en una bandeja. Papá mete la bandeja en el horno.

Papá saca la bandeja caliente. Después, Juana y papá toman una galleta. —¡Puaj! —dicen—. ¡Nuestras galletas no están ricas!

Entonces, papá sonríe. Mira la bolsa que usaron para la mezcla. —Esta bolsa no tiene azúcar. ¡Tiene sal! ¡Fue una confusión!

Conclusión de la Unidad 2

Gran idea

Compartir con un amigo Piensa en una vez cuando compartiste algo con un amigo. Haz un dibujo y escribe una oración que diga qué compartiste.

Compartí mi sándwich de queso con Patricia.

Escuchar y hablar

Caja musical Usa una caja de zapatos vacía y elásticos para hacer una guitarra. Estira los elásticos alrededor de la caja. Tira de los elásticos para hacer una canción. Luego compártela con tus amigos.

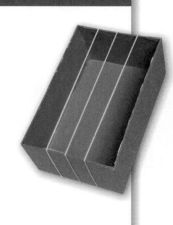

Palabras que quiero saber

Unidad 2   Palabras de uso frecuente

6 Gabo y el lobo
dijo
estaba
nadie
por qué
ser
viene

7 Cómo se comunican los animales
aquí
hace
cómo
estoy
mal
animal

8 ¡A hacer música!
nos
estamos
alguien
han
dentro
tocar

9 El Dr. Seuss
llamaban
desde
divertido
hizo
leer
libro

10 Quique da una fiesta
cuánto
después
dieron
invitó
preguntó
último

Glosario

A

abejita

Una **abejita** es un insecto que hace miel. La **abejita** tiene rayas amarillas y negras.

avisa

Alguien **avisa** cuando le cuenta a otras personas sobre un peligro. El señor del clima **avisa** cuando viene una tormenta.

C

cachorro

Un **cachorro** es un perro bebé. También se puede usar para las crías de otros animales. El **cachorro** movió la cola.

cantamos

Nosotros **cantamos** cuando decimos palabras con música. En Navidad **cantamos** villancicos.

colina

Una **colina** es una montaña pequeña. Mi casa está en esa **colina**.

compás

Cuando se dice algo al **compás**, dos o más personas dicen algo al mismo tiempo. Dijimos "sí" al **compás**.

cuidaba

Cuidaba se usa para decir que alguien protegía a alguien o algo. Mi abuela me **cuidaba** todos los días cuando era bebé.

D

dieron

Dieron se usa para decir que otras personas entregaron o regalaron algo. Los abuelitos nos **dieron** dinero para la merienda.

divierte

Algo te **divierte** cuando te hace reír y estar feliz. El bebé se ríe cuando se **divierte**.

E

elefante

Un **elefante** es un animal muy grande que tiene una trompa enorme. El **elefante** está en el zoológico.

engañar

Engañar es cuando no dices la verdad. **Engañar** a tu maestro es malo.

G

gigante

Algo **gigante** es muy grande. El castillo de la princesa es **gigante**.

guitarras

Las **guitarras** son instrumentos musicales con seis cuerdas. Esas **guitarras** son españolas.

J

jardín

Un **jardín** es donde están las flores. En tu **jardín** hay tulipanes.

L

lobo

El **lobo** es el animal malo de los cuentos que se come a los demás. El **lobo** derribó la casa de los cerditos.

M

manga

La **manga** de pastelero sirve para decorar. Mi mamá decoró el pastel con una **manga** muy grande.

música

La **música** es el sonido que acompaña a las letras de las canciones. La **música** está muy fuerte.

O

olor

El **olor** es lo que sentimos a través de nuestra nariz. El **olor** de tu perfume es suave.

orgulloso

Alguien está **orgulloso** cuando se siente feliz por hacer algo bueno. Mi papá está **orgulloso** por mis calificaciones.

ovejas

Las **ovejas** son los animales que están cubiertos de lana. En la granja hay cinco **ovejas** blancas.

P

pájaro

Un **pájaro** es un animal que tiene plumas y vuela. El loro es un **pájaro**.

pastel

Un **pastel** es un postre que se come en las fiestas. También hay pasteles más pequeños, o pastelitos. El **pastel** de chocolate es mi preferido.

pastelero

El **pastelero** es la persona que hace los pasteles. El **pastelero** le pone crema al pastel.

personajes

Los **personajes** son las personas, animales o cosas que están en los cuentos. Los **personajes** del cuento son la tortuga y la liebre.

Q

quién

Quién se usa para preguntar por una persona. ¿**Quién** toca la puerta?

R

rayo

Un **rayo** es la electricidad que está en el cielo cuando hay una tormenta. El **rayo** quemó un árbol.

S

saltamos

Saltamos cuando nos elevamos del piso y volvemos a caer. Hoy **saltamos** en el partido.

sombrero

Un **sombrero** es lo que usamos en la cabeza. El **sombrero** grande es para la playa.

V

ve

Alguien **ve** cuando percibe algo con sus ojos. La doctora **ve** la radiografía.

Y

yo

Yo es el pronombre que se usa para hablar de mí. **Yo** canto una canción.

Acknowledgments

"Pete Pats Pigs" from *Oh Say Can You Say?* by Dr. Seuss. TM & © by Dr. Seuss Enterprises, L.P. 1979. Reprinted by permission of Random House Children's Books, a division of Random House, Inc., and International Creative Management.

"We have two ducks…" from *Oh Say Can You Say?* by Dr. Seuss. TM & © by Dr. Seuss Enterprises, L.P. 1979. Reprinted by permission of Random House Children's Books, a division of Random House, Inc., and International Creative Management.

Credits

Photo Credits

Placement Key: (t) top; (b) bottom; (l) left; (r) right; (c) center; (bkgd) background; (frgd) foreground; (i) inset.
TOC **8a** full (c)George Doyle/Getty Images; **8b** spread (c)BlendImages/Tips Images; **9** (c)HMCo; **10** (t) (c)Arco Images/Wittek R./Alamy; (b) (c) Wolfgang Kaehler/Corbis; **11** (tl) (c)Gerry Ellis/ Minden Pictures; (tr) (c)Tim Pannell/Corbis; (bl) (c)Daniel J. Cox/Photographer's Choice/Getty Images; (br) (c)Jeffrey Lepore/Photo Researchers, Inc.; **12** (c)Neil Beckerman/Riser/Getty Images; **14** (c)Courtesty of Chris Sheban; **35** (cr) (c)Kurt Banks/Alamy; **38** (t) (c)Alex Mares-Manton/Asia Images/Getty Images; **38** (b) (c)Ingo Bartussek/ Naturepl.com; **39** (tl) (c)Image**84**/Alamy ; (tr) (c) David De Lossy/Photodisc/Getty Images; (bl) (c)Michael Newman/PhotoEdit; (br) (c)Rhoda Sidney/PhotoEdit; (c)Cynthia Diane Pringle/ CORBIS; (c)Tom Brakefield/CORBIS; (c)Robert W. Ginn/PhotoEdit; (c)LMR Group/Alamy; **41** (tr) (c)Arthur Morris/Corbis; **42** c) (c)William Munoz; **43** spread (c)William Munoz; **44** (c (c) William Munoz; **45** (c (c)Keith Szafranski; **54** (c (c)Visual&Written SL/Alamy; **47** (c (c)W. Perry Conway/CORBIS; **48** (c (c)Steve & Dave Maslowski/Photo Researchers Inc.; **49** (c (c) William Munoz; **50** (c (c)Francois Goheir/Photo Researchers, Inc.; **51** (c (c)Scott Camazine/Alamy; **52** (c (c)William Munoz; **53** (c (c)Keith Szafranski; **54** (t) (c)William Munoz; **54** (b) (c)Steve & Dave Maslowski/Photo Researchers Inc.; **55** (t) (c) Francois Goheir/Photo Researchers, Inc.; **55** (b) (c)William Munoz; **56** c) (c)William Munoz Photography; **58** (b) (c)Gary Vestal/Getty Images; **59** (b) (c)Frank Greenaway/Getty Images; **59** (t) (c)Martin Rugner/AGE Fotostock;